Kreative
Kartenvielfalt

Zum
Geburtstag

Was wünsch ich dir denn
heut wo du Geburtstag hast?

Thanks

Ursula Langhammer

Glückwünsche

„Zum Geburtstag"

grüner Fotokarton ● Scrapbook Papier „Punkte und Streifen" ● grüne Embellishment-Blumen ● Strass-Steine ● Schleifenband, 1 cm breit: grün, blau ● grünes Stempelkissen ● doppelseitiges Klebeband, 3 mm breit ● Fotokleber

Zunächst einen 10,8 x 29,6 cm großen Streifen aus grünem Karton in der Mitte falten und die oberen 4 cm nach unten falten. Das Innenteil der Karte mit dem Streifenpapier bekleben. Auf der Außenseite das Punktepapier platzieren. Alle Ränder laut Abb. mit der Stempelfarbe kolorieren. Nun die Karte mithilfe des Klebebandes an den Seiten zusammenfügen und mit den Blumen, den Strass-Steinen sowie dem Band dekorieren. Anschließend den Tag bedrucken oder von Hand beschriften. Die Tag-Ränder kolorieren, das Bändchen befestigen und den Tag in die Karte stecken.

Text:

Was wünsch ich dir denn, heut wo du Geburtstag hast? Ich wünsche dir gute Zeit und ein wenig Lebenslast. Ich wünsche dir frohe Tage, Zufriedenheit und Glück, Humor in jeder Lage, Gelassenheit am Stück. Das neue Lebensjahr sei heiter und das Glück dein ständiger Begleiter.

„Thanks"

weiße Karte, B6 ● Scrapbook-Papier „Punkte und Streifen" ● blaues Schleifenband, 1 cm breit ● grüne Embellishment-Blume ● Embellishment „Thanks" ● doppelseitiges Klebeband ● Fotokleber

Das Punkte- und Streifenpapier auf der Karte befestigen. Anschließend das blaue Schleifenband mit doppelseitigem Klebeband auf der Anstoßnaht der beiden Papiere platzieren. Das Ganze mit Blumen, dem Schleifenband und dem Embellishment dekorieren.

Text:

Es gibt zwei Arten von Freunden die einen sind käuflich die anderen unbezahlbar.

Impressum:
© 2007 Bücherzauber Verlag GmbH, 41540 Dormagen
ISBN: 978-3-86545-220-7 ▪ Best.-Nr.: 45220

Fotos: Andrea Splietker
Styling: Andrea Splietker
Layout/Satz/Bildbearbeitung: Andrea Splietker
Druck: Merkur Druck GmbH & Co. KG, Detmold ▪ www.merkur-druck-online.de

1. Auflage 2007

Vorwort

Es gibt viele Gelegenheiten, mit einer schönen Karte jemandem eine Freude zu bereiten. Die vielen neuen schönen Papiere, die auf dem Markt erhältlich sind, inspirieren mich immer wieder, neue Karten zu gestalten. Auch neue Schnitte und Raffinessen bereichern das Hobby Kartenbasteln.

Lassen Sie sich nicht abschrecken, wenn Sie nicht genau das gleiche Papier erwerben können. Suchen Sie sich einfach andere, miteinander harmonierende Papiere aus. Ich bin überzeugt, dass Sie außergewöhnliche Karten herstellen können.

Viel Spaß und Freude beim Gestalten Ihrer ganz persönlichen Karten wünscht Ihnen

Ursula Langhammer

P.S. Vielen Dank an meine Freundin Christine, die mich hilfreich unterstützt hat.

Material & Werkzeug

- Cardstock Papier
  ist ein unifarbenes Papier mit einer strukturierten Oberfläche.

- Scrapbook Papier
  gibt es in allen erdenklichen Farben und Designs.

- Scrapbook Kits
  sind komplette Bastelpackungen. Sie beinhalten farblich aufeinander abgestimmte Papiere, Sticker, Tags, Epoxy Stickers, Labels und verschiedenes mehr.

- Embellishments
  sind dreidimensionale, selbstklebende Sticker. Es gibt sie aus vielen verschiedenen Materialien.

- Sticker sind Aufkleber, die ebenfalls für sämtliche Themenbereiche und in vielen Farben zu erwerben sind.

- Brads/Briefklammern
  gibt es in unterschiedlichen Varianten und Größen. Sie werden durch ein kleines Loch gesteckt und die Klammern nach hinten gebogen. Sie sind ideal zum Befestigen von kleinen Schildchen und Glückwünschen.

- Snaps/geschlossene Ösen
  lassen sich wie Nieten verarbeiten.

- Pebbles oder Epoxy-Sticker
  sind erhabene, transparente Plättchen oder Kreise zum selbst Gestalten oder schon fertig dekoriert.

- Stempelkissen
  sind ideal, um die Ränder der Papiere und Karten zu akzentuieren. Benutzen Sie Kreide oder schnell trocknende Stempelkissen.

- Kleber
  lösungsmittelfreier Bastelkleber
  doppelseitiges Klebeband
  Abstandklebeband
  Klettpunkte
  Silikonkleber
  Fotokleber

- Eylett-Setter/Ösenwerkzeug

- Präge und Falzwerkzeug
  ist ein unentbehrliches Werkzeug zur Erzielung messerscharfer Falze und Kanten. Den Prägestift an der Falzlinie anlegen und am Lineal entlang führen. Dabei den Stift fest andrücken. Die so entstandene Falzlinie kann jetzt mit dem Falzteil perfekt gefalzt werden.

- Stanzmaschine „Big Shoot"

- Nähmaschine
  eignet sich auch hervorragend zum Nähen von Papier.

Nostalgie

Weitere Karten aus der Hochzeits-Serie „Nostalgie" auf Seite 6/7

„Wish" (Taschen-Karte)

Scrapbook Kit „Mc Kenna" ● cremefarbener Fotokarton ● Motivlocher „Blume": Ø 1,5 cm, Ø 2,5 cm

Das Papier auf den cremefarbenen Fotokarton kleben und trocknen lassen. Nun die Taschenform vom Vorlagenbogen übertragen und ausschneiden. Die Falze sorgfältig falzen und die Tasche zusammenfalten. Abschließend die Tasche mit einem Kontrastpapier, einem Embellishment und Stanzblumen dekorieren.

„Zur Hochzeit"

Fotokarton: creme, bordeaux ● cremefarbenes Pergamentpapier ● Rub-ons: „Ornamente", „Schriftzug" ● Magnetverschluss ● cremefarbene Nieten ● goldener Sticker „Zur Hochzeit" ● Scrapbook-Kit „Mc Kenna" ● Fotokleber ● doppelseitiges Klebeband, 3 mm breit ● Locher „Eckenrunder", Gr. 3 ● hellbraunes Stempelkissen

Die cremefarbene Karte laut Vorlage ausschneiden und die Ecken mit einem Eckenlocher abrunden. Nun die Papiere ausschneiden, hier ebenfalls die Ecken abrunden und laut Abb. auf der Karte befestigen. Dabei den Magnetverschluss vor dem Anbringen des Dekor Papiers fixieren. Das Schild mit dem Sticker „Zur Hochzeit" mit den Nieten an der Karte befestigen. Aus dem Pergamentpapier zwei passende Ecken schneiden bzw. reißen und mit dem Stempelkissen die Ränder akzentuieren. Das Ganze mit doppelseitigem Klebeband aufkleben. Das Papier mit den Glückwünschen bedrucken und vor dem Einfügen mit den Rub-ons dekorieren.

Text:

Liebe ist der Schlüssel um Herzen zu öffnen.

„Herzlichen Glückwunsch"

(rosa, Querformat)

grüne Karte, A6 ● Scrapbook Kit „Mc Kenna" ● grünes Schleifenband, 1 cm breit ● Embellishment (aus Kit) ● goldener Sticker „Herzlichen Glückwunsch" ● rotes Stempelkissen ● Fotokleber

Die Papiere etwa 6,5 cm breit zuschneiden und das rosa Papier an einer Seite mit einer Zierrandschere schneiden. Die Papierränder mit dem Stempelkissen kolorieren. Nun die Papiere laut Abb. aufeinander setzen, das Schleifenband mit doppelseitigem Klebeband versehen und ergänzen. Danach das Ganze auf der Karte platzieren. Zuletzt die Karte mit Stickern und einem Embellishment dekorieren.

„Herzlichen Glückwunsch"

(grün, Hochformat)

cremefarbene Karte, B6 ● Scrapbook Kit „Mc Kenna" ● bordeauxrotes Satinband, 7 mm breit ● Strass-Steine ● rosa Embellishment-Blumen: Ø 1,5 cm, Ø 3,5 cm ● bordeauxrote Nieten

Die Karte laut Abb. mit den Papieren dekorieren. Anschließend das Schild mit den Nieten anbringen. Das Satinband aufkleben und mit den Blumen sowie Strass-Steinen verzieren.

„Celebrate"

Fotokarton: creme, bordeaux ● Scrapbook Kit „Mc Kenna" ● cremefarbenes Pergamentpapier ● Fotokleber ● Rub-ons ● rotes Stempelkissen

Die Karte laut Vorlage ausschneiden und falten. Anschließend die Karte innen und außen mit den Papieren und Rub-ons dekorieren. Das Pergamentpapier so kleben, dass eine Tasche entsteht. Den Text auf das Papier drucken oder schreiben und die Ränder akzentuieren. Auf der Außenseite ein Embellishment ergänzen. Zum Schluss einen 26 x 2,5 cm großen Streifen aus bordeauxrotem Fotokarton so zu einem Ring zusammenkleben, dass er um die Karte geschoben werden kann und laut Abb. dekorieren.

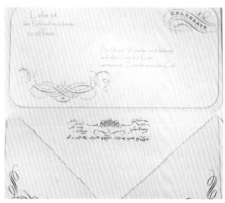

Innenansicht Karte „Zur Hochzeit"

Alles Liebe

„Zur Hochzeit"

cremefarbene Karte, A6 ● creme-goldenes Naturpapier ● Spiegelkarton ● goldene Sticker: „Zur Hochzeit", „Linien" ● Herzsticker ● Abstandsband ● Fotokleber

Aus dem Faserpapier den Wellenbogen ausschneiden und mit Fotokleber auf der Karte fixieren. Im Abstand von 0,5 cm einen Liniensticker an dem Wellenmuster entlang kleben. Die Herzsticker und das Schildchen „Zur Hochzeit" ausschneiden und mit Abstandsband auf der Karte fixieren.

„Zur goldenen Hochzeit"

cremefarbener Fotokarton ● creme-goldenes Naturpapier ● Spiegelkarton ● Herzsticker ● goldener Sticker „Zur Goldenen Hochzeit" ● Klettpunkt

Die Karte ausschneiden und mit dem Naturpapier überziehen. Das Schildchen aus Spiegel- sowie Cremekarton anfertigen und mit Abstandsband auf der Karte platzieren. Die Herzen nur an dem oberen Klappteil der Karte befestigen. Zuletzt die Karte mit einem Viertel des Klettpunkts verschließen.

Text:

Gemeinsam alles tragen,
die Freude und den Schmerz.
Gemeinsam alles wagen,
das bindet Herz an Herz.
So sollt ihr vorwärts schauen,
und so schaut ihr auch zurück;
Aus liebendem Vertrauen
erwächst beständiges Glück.

„Hochzeitskarte" (Querformat)

cremefarbener Fotokarton ● creme-goldenes Naturpapier ● cremefarbenes Papier ● Spiegelkarton ● goldene Sticker „Linien" ● Rubons ● Klettpunkt ● goldenes Stempelkissen ● Fotokleber ● Abstandsband ● goldener Knopf

Zunächst eine DIN-lang-Karte laut Vorlage herstellen und gemäß Abbildung mit dem Naturpapier sowie Stickerlinien dekorieren. Den Knopf mit Abstandsband aufbringen. Das Papier für den Innenteil der Karte bedrucken, mit Stempelfarbe akzentuieren und mit den Rub-ons versehen. Abschließend die Karte mit einem Viertel Klettpunkt verschließen.

Text:

Lieben heißt nicht, sich in die Augen zu
sehen, sondern gemeinsam in die gleiche
Richtung zu blicken.

Innenansicht „Hochzeitskarte"

Willkommen Baby!

„Hurra ein Baby"

Fotokarton: weiß, grün ● grünes 3D-Heft „Eline' s Babies" ● Klettpunkt ● Silikon ● silberner Sticker „Hurra ein Baby"

Die Karte ausschneiden, falten und laut Abb. mit dem Papier bekleben. Das Baby in der 3D-Technik ausarbeiten und auf der Karte platzieren. Weitere Babyteile und die auf grünen Karton geklebte Klebeschrift mithilfe von Silikon ergänzen. Zum Schluss die Karte mit einem Viertel Klettpunkt verschließen.

satznähten etwa ein 3 mm breiter dunkelgrüner Zwischenraum sichtbar ist. Das Ganze nochmals ausschneiden. Mit dem Stickgarn den Kragen, die Ärmel und den Saum betonen. Die weiteren Teile in der 3D-Technik ausarbeiten und das fertige Kleid auf die Karte kleben.

Tipp:

Für das Sticken Stickschablonen zuhilfe nehmen.

„Zur Geburt"

weiße Karte, A6 ● dunkelgrüner Fotokarton ● grünes 3D-Heft „Eline' s Babies" ● Abstandsband ● silberne Sticker: „Zur Geburt", „Baby-Schühchen" ● Fotokleber

Die Karte laut Abb. mit einem 9 x 14,5 cm großen Stück Karopapier bekleben, welches zuvor mit grünem Karton hinterlegt wurde. Drei Babymotive ausschneiden und ebenfalls mit grünem Karton hinterlegen. Die Quadrate versetzt mittels Abstandsband auf der Karte anordnen. Zuletzt in den Zwischenräumen die auf grünen Karton geklebten Sticker ergänzen. Hierfür ebenfalls Abstandsband nutzen.

„Karte Babykleid"

hellgrünes Cardstock Papier ● dunkelgrüner Fotokarton ● grünes 3D-Heft „Eline' s Babies" ● Stickgarn: weiß, grün ● Fotokleber

Das Kleid ausschneiden und so auf den grünen Karton kleben, dass an den Ärmel-An-

Zur Geburt

weiße Karte, B6 ● Scrapbook Papier ● Fotokarton: grün, gelb ● 3D-Heft „Eline's Babies" ● Zahnstocher ● Holzkugeln, Ø 3 mm ● Wolle: rosa, blau

weiße Karte, A6 ● gelber Fotokarton ● Scrapbook Papier ● grünes 3D-Heft „Eline's Babies" ● grüne Wolle ● Zahnstocher ● 2 Holzkugeln, Ø 3 mm ● doppelseitiges Klebeband ● Fotokleber ● Silikon ● Strumpfstricknadeln

Diese Karte wie Karte „baby baby baby" arbeiten. Hier jedoch laut Abb. im unteren Bereich einen, mit grünem Karton hinterlegten, ausgedruckten Spruch befestigen.

Das Scrapbooking Papier auf die Karte kleben. Mit der Wolle 14 Maschen aufnehmen, drei Reihen links stricken, danach nur noch rechte Maschen stricken. Nach cirka 3 cm auf jeder Seite noch acht Maschen aufnehmen und 1,5 cm lang weiter stricken.

Die Maschen auf zwei Zahnstocher schieben und am Ende je eine kleine Holzkugel darauf schieben. Ein kleines Wollknäuel wickeln und alles auf der Karte dekorieren. Abschließend ein Babybild in der 3D-Technik anfertigen und neben dem Strickpulli platzieren.

Text „*Wenn aus Liebe Leben wird*"

Ein Kind, dem wir voller Freundschaft begegnen, lernt tiefes Vertrauen empfinden.
Ein Kind, das wir aufmuntern, entwickelt gesundes Selbstwertgefühl und den Mut sein Leben zu entdecken.
Ein Kind, dem wir bedachtsam Freiheit schenken, lernt Verantwortung zu übernehmen.
Ein Kind, das wir mit unserer Achtung respektieren, fühlt sich ganz geborgen bei uns und achtet alles Lebendige.
Ein solches Kind ist dann das größte Geschenk für diese Erde, denn unseren Kindern ist doch die Zukunft dieser Welt anvertraut.
Zur Geburt Eurer Kinder wünschen wir Euch Liebe und Geduld.

Wenn aus Liebe Leben wird, bekommt das Glück zwei Namen

... hier komme ich!

Babykarte mit Knopf

weiße Karte, A6 ● weißer Fotokarton ● rosa 3D-Heft „Eline's Babies" ● Pergament-Papier ● silberne Mini-Bradletts ● rosa Knopf, Ø 2 cm ● rosa Flauschband ● Nähgarn: rot, weiß ● Silikonkleber

Das Papier und die Pergament-Papiertasche mit rotem Nähgarn auf die Karte nähen. Einen Tag aus weißem Karton schneiden, mit dem Papier bekleben und einem 3D-Motiv dekorieren. Das Flauschband dabei unter die Tasche kleben. Zuletzt laut Abb. zwei Bradletts sowie den Knopf ergänzen und den Tag in die Tasche schieben.

Baby Tasche mit Tag

Fotokarton: weiß, bordeaux ● rosa 3D-Heft „Eline's Babies" ● klare Epoxy Sticker ● Knöpfe ● rosa Schleifenband, 1 cm breit ● rosa Fransenband ● pinke Wolle ● rosa Stempelkissen ● Fotokleber ● Silikonkleber

Innenansicht Klappkarte

Aus dem weißen Fotokarton die Tasche und den Tag ausschneiden. Die Ränder mit rosa Stempelfarbe kolorieren und laut Abb. mit dem Papier bekleben. Das Ganze mit den 3D-Motiven, Knöpfchen und Epoxy-Stickern dekorieren. Zuletzt das Fransenband und die Wolle an den Tag knoten.

Klappkarte „baby girl ..."

weißer Fotokarton ● rosa 3D-Heft „Eline's Babies" ● silberne Fotohalter ● silberne Bradletts ● silberne Sticker „Linien" ● klare Epoxy Sticker ● Silikon ● Fotokleber

Zunächst die zwei Karten sehr genau ausschneiden und falzen. Die Karte mit den Ausschnitten zuerst bearbeiten und die Fenster mit Papieren sowie Texten hinterlegen. Nun die Karte mit den Motiven und Epoxy Stickern dekorieren. Die Fotohalter anbringen und mit den Sticker-Linien verzieren.

Bei der zweiten Karte die Rückseite mit Papieren bekleben. Danach beide Karten mit doppelseitigem Klebeband aufeinander kleben.

Hurra, ein Baby!

„BABY"

weiße Karte, A6 ● dunkelblauer Fotokarton ● blaues 3D-Heft „Eline's Babies" ● blaues Karoband, 3 mm breit ● doppelseitiges Klebeband

Zu Beginn mithilfe einer Nähmaschine ein 14,8 x 7,5 cm großes dunkelblaues Stück Fotokarton auf der Karte fixieren. Ober- und unterhalb des Streifens das Karoband aufkleben und ein 3D-Motiv in der Mitte platzieren.

Baby Dose mit Leporello

Weißblechdose, 9,5 x 6 cm ● blaues 3D-Heft „Eline's Babies" ● weißer Fotokarton ● Bradletts ● Silikon ● Fotokleber

Das Leporello laut Vorlage ausschneiden und falten. Aus dem weißen Karton das Dekorblatt für den Deckel anfertigen und aufkleben. Ein kleineres Dekorblatt aus Scrapbook Papier darauf kleben. Nun das Babymotiv in die Mitte des Scrapbook Papiers kleben.

Anschließend sechs Dekorblätter für das Leporello schneiden und mit den Babymotiven ausschmücken.

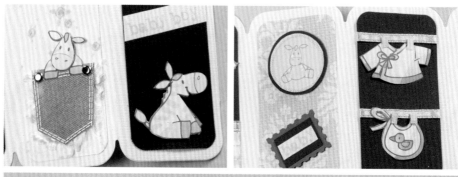

Herzlichen

„Zum Geburtstag" (links)

schwarze Karte, DIN lang ● Scrapbook Papier ● schwarzer Fotokarton ● Strass-Bradletts ● weißes Papier ● Fotokleber ● 3 schwarze Embellishment-Blumen ● Abstandsband

Die Karte laut Abb. mit dem Papier bekleben. Zwei Dreiecke schneiden, mit schwarzem Fotokarton hinterlegen und auf der Karte platzieren. Anschließend die Blumen mit den Strass-Bradletts ergänzen. Das Papier beschriften und in die Innenseite kleben.

Text: siehe Vorlagenbogen

„Zum Geburtstag" (rechts)

weiße Karte, DIN lang ● schwarz-weißes Scrapbook Papier ● silberne Sticker „Linien" ● schwarze Embellishment-Blume ● Strass-Bradlett ● Fotokarton: schwarz, weiß ● weißes Papier

Die Karte laut Abb. mit den Papieren dekorieren. Aus dem schwarzen Karton einen 6,5 cm großen Kreis und aus dem weißen Karton einen Kreis mit 6 cm Durchmesser schneiden. Die Kreise übereinander kleben und mit der Blume sowie einem Strass-Bradlett dekorieren. Den Kreis mit Abstandsband auf der Karte platzieren.

Text:

Mit den Jahren wird das Leben nicht leichter, aber es kann schöner und größer werden.

Wasserfallkarte „Blüten"

dunkelblaue Karte, A6 ● hellblaues Scrapbook Papier ● Fotokarton: weiß, dunkelblau ● 3D-Bogen „Marjolein" ● Bradletts ● Niete ● hellblaues Fransenband, 10 cm lang ● doppelseitiges Klebeband ● silberne Text-Sticker

Den dunkelblauen Streifen laut Vorlage ausschneiden und alle Falzlinien mit einem Bergfalz versehen. Je vier 5 x 5 cm große dunkelblaue und 4,5 x 4,5 cm große weiße Quadrate zuschneiden.

Das Blumenmotiv fünfmal ausschneiden, vier davon auf die weißen Quadrate kleben und zusätzlich mit den dunkelblauen Quadraten hinterlegen. Etwa 0,2 cm vom unteren Rand

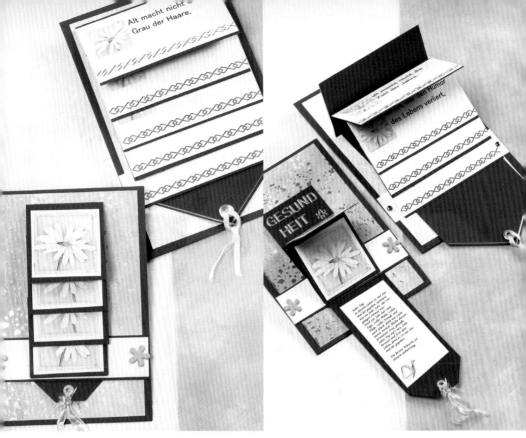

Glückwunsch

aus das hintergrundlose erste Blumenmotiv mit doppelseitigem Klebeband auf dem Streifen befestigen. Die restlichen vier Schildchen laut Vorlage immer genau am unteren Falz befestigen. Anschließend den restlichen Kartonstreifen nach hinten umlegen. An der Spitze eine Niete anbringen und ein Fransenband anknoten.

Nun einen 2,5 x 10 cm großen weißen Streifen dunkelblau hinterlegen. Den Wasserfallstreifen mit dem untersten Motiv mittels doppelseitigem Klebeband mittig darauf fixieren. Diesen Streifen 2,5 cm vom unteren Rand aus mit zwei Bradletts auf der mit Scrapbook Papier dekorierten Karte befestigen. Die Spitze des Wasserfallstreifens unter dem Streifen hervorziehen.

„Wasserfallkarte mit Text"

dunkelblaue Karte, B6 ● Fotokarton: weiß, dunkelblau ● silberne Sticker: „Linien", „Bordüren" ● 3D-Bogen „Marjolein" ● Niete ● weißes Schleifenband, 0,5 cm breit, 10 cm lang ● silberne Bradletts

Hier auch nach der Vorlage von Modell 1 vorgehen. Den Streifen jedoch 10 cm breit zuschneiden. Den Text auf weißen Fotokarton drucken und in 4,5 x 10 cm große Abschnitte schneiden. Die Textschildchen mit den Blütenbildern sowie den Zierstickern dekorieren und mit 4,8 x 10 cm großen blauen Kartonstücken hinterlegen. Die Karte wie bei Modell 1 beschrieben fertig stellen.

Alles Gute!

„Zum Geburtstag"

bordeauxrote Karte, B6 ● Scrapbook Papier ● Fotokarton: grün, bordeauxrot ● bordeauxrotes Schleifenband: 1 cm, 0,5 cm breit ● rotes Stempelkissen ● goldener Sticker „Zum Geburtstag" ● bordeauxrote Nieten ● doppelseitiges Klebeband ● Abstandsband ● Locher „Gürtelschnalle"

Zuerst die unifarbene Rückseite des Scrapbook Papiers auf der Karte befestigen. Eine Gürtelschnalle lochen, auf das 1 cm breite Schleifenband fädeln und laut Abb. auf der Karte platzieren. Ein 9,5 x 11,6 cm großes grünes Stück Karton ergänzen. Nun aus dem Scrapbook Papier zwei 11,6 x 4 cm große Streifen schneiden und auf jeder Seite 11 Nieten einschlagen. Ein 30 cm langes Band einfädeln und auf der Rückseite festkleben. Zum Schluss die zwei Teile mit doppelseitigem Klebeband auf der Karte befestigen und den auf roten Karton geklebten Schriftzug mit Abstandsband hinzufügen.

Text:

Immer wieder Gelegenheiten finden,
mit Freunden all das zu genießen,
was unser Leben bunt macht.
Viele solche kleinen Inseln des Glücks,
die wünsche ich Dir.

Immer wieder Gelegenheiten finden,
mit Freunden all das zu genießen,
was unser Leben bunt macht.
Viele solche kleinen Inseln des Glücks
die wünsche ich Dir.

Handtaschenkarte

doppelseitig bedrucktes Scrapbook Papier ● bordeauxroter Fotokarton ● altrosa Papier ● Bradlett ● doppelseitiges Klebeband

Die Tasche ausschneiden und falten. Die Blume und Zackenlitze ausstanzen und auf der Tasche befestigen. Anschließend den Glückwunschtext auf das rosa Papier drucken oder schreiben, in Taschenform ausschneiden und mit doppelseitigem Klebeband an einer Seite anbringen.

Text:

Heut zu deinem Geburtstagsfeste
wünsch ich dir das Allerbeste,
alles, was du wünschest sehr
und noch vieles, vieles mehr!
So zum Beispiel sehr viel Zeit
und ungetrübte Heiterkeit.
Viel Gesundheit ohne Frage
bis ans Ende deiner Tage!
Schließe den Tag, erwache am Morgen,
frei von Kummer, frei von Sorgen,
sei mit einem Wort: immer im Glück
jeden, jeden Augenblick.

Heut zu deinem Geburtstagsfeste
wünsch ich dir das Allerbeste,
alles, was du wünschest sehr,
und noch vieles, vieles mehr!
So zu Beispiel sehr viel Zeit
und ungetrübte Heiterkeit.
Viel Gesundheit ohne Frage
bis ans Ende deiner Tage!
Schließe den Tag, erwache am Morgen,
frei von Kummer, frei von Sorgen,
sei mit einem Wort; immer im Glück
jeden, jeden Augenblick.

„Butterfly"

„Zum Geburtstag"

bordeauxroter Fotokarton ● Scrapbook Papier ● altrosa Briefpapier ● selbstklebende Strass-Steine ● Magnetknopf ● Abstandsband ● Fotokleber ● goldene Sticker „Linien" ● Stanzschablone „Schmetterling"

Die Karte laut Vorlagenbogen ausschneiden, falten und mit dem Scrapbook-Papier dekorieren. Dabei die Unterseite des Magnetknopfs zwischen die Karte und das Papier kleben. Die Oberseite einfach unter der Klappe fixieren. Anschließend die Stickerlinie laut Abb. am Klappenrand befestigen. Nun den Schmetterling ausstanzen, mit den Strass-Steinen schmücken und mit Abstandsband auf der Karte befestigen. Den Schriftzug „Zum Geburtstag" schreiben bzw. drucken, mit rotem Karton hinterlegen und mit Abstandsband aufbringen.

Text siehe Vorlagenbogen.

„Viel Glück"

bordeauxroter Fotokarton ● Scrapbook Papier ● altrosa Briefpapier ● Stanzschablone „Schmetterling" ● goldene Klebeschriften: „Viel Glück", „Zum Geburtstag" ● goldene Klebeblumen ● weißes Schleifenband, 5 mm breit ● doppelseitiges Klebeband, 3 mm breit ● Abstandsband ● Fotokleber

Zunächst die Karte ausschneiden. Die Innenseite mit dem Rosenpapier und die Außenseite mit dem altrosa Papier bekleben. Nun die Einschiebetaschen mit dem Papier dekorieren, das doppelseitige Klebeband an den äußeren Rändern aufbringen und die Taschen auf der Karte befestigen. Einen Schmetterling ausstanzen, die Tags fertigen und die Karte damit ausschmücken.

„Herzlichen Glückwunsch"

bordeauxroter Fotokarton ● Scrapbook Papier ● Stanzschablone „Schmetterling" ● Strass-Steine ● goldene Sticker „Bordüren" ● doppelseitiges Klebeband ● Fotokleber ● Abstandsband ● Plastiktüte

Aus dem Fotokarton alle Teile für die Karte ausschneiden und falzen. Den Stabilisierungsstreifen auf das Schiebeteil aufkleben. Nun aus der Plastiktüte einen 6 x 26 cm großen Streifen zuschneiden und so um das Schiebeteil kleben, dass er sich noch frei verschieben lässt und nicht anhaftet.

Die beiden Schiebeblätter mit dem Papier und dem Text dekorieren. Nun die Klebenaht des Plastikstreifens an den äußeren rechten Rand schieben. Das erste Schiebeblatt mit doppelseitigem Klebeband von hinten, das andere Schiebeblatt auf der anderen Seite von vorne an das Schiebeteil kleben. Die Schiebeblätter dabei so positionieren, wie sie im zusammengeschobenen Zustand sitzen sollen. Anschließend die Karte mit doppelseitigem Klebeband verschließen. Dabei das obere Schiebeblatt etwas anheben, sodass es über die Klebenaht hin und her rutschen kann. Nun können Sie Ihre Karte rein und raus schieben.

Tipp:

Den Plastikstreifen nicht zu fest um das Schiebeteil kleben.

Text siehe Vorlagenbogen.

...sag's mit Blumen

Karte 1

weißer Fotokarton ● Scrapbook Papier „Canopy Floral" ● silberne Sticker: „Zum Geburtstag", „Ecken", „Blume" ● Magnetverschluss ● Fotokleber ● Klebeband ● oranges Stempelkissen

Die Karte laut Vorlage zuschneiden, falten und mit dem Scrapbook Papier dekorieren. Dabei am linken Vorderteil eine Seite des Magnetverschlusses zwischen Karte und Papier fassen. Den Text für das Innteil mit dem Computer oder per Hand auf die orange Rückseite des Scrapbook Papiers schreiben und mit Sticker-Ecken verzieren.

Ein 6 x 2,5 cm großes Stück oranges Papier mit weißem Karton hinterlegen und die Ränder, wie auch die der Karte, mithilfe der orangen Stempelfarbe schattieren. Den Klebeschriftzug sowie eine Blume ergänzen und das Schildchen mit doppelseitigem Klebeband an der rechten Kartenseite fixieren. Abschließend die andere Hälfte des Magnetverschlusses an der überstehenden Seite des Schildchens anbringen.

Text:

Das Leben, es mag sein wie es will
ist ein Glück, das von keinem anderen
übertroffen wird.

Karte 2

weißer Fotokarton ● Scrapbook Papier „Canopy Floral" ● weißer Sticker „Zum Geburtstag" ● weiße Rub-ons ● Magnetverschluss ● oranges Stempelkissen ● Fotokleber ● doppelseitiges Klebeband

Auch hier die Karte laut Vorlage ausschneiden, falten und die Ränder mit oranger Stempelfarbe schattieren. Die Magnete platzieren.

Das Scrapbook Papier für die Klappen sowie die Innenseiten ausschneiden und aufkleben. Dabei an den Spitzen je eine Hälfte des Magnetverschlusses zwischen die Karte und die Papiere fassen. Ein 11,2 x 16,8 cm großes Stück Scrapbook-Papier an die Innenseite der linken Klappe kleben. Die Rub-ons laut Abb. aufrubbeln und den Schriftzug ergänzen.

Karte 3

weiße Karte, A6 ● weißer Fotokarton ● Scrapbook Papier „Canopy Floral" ● orange Niete ● oranges Satinband, 3 mm breit ● 2 orange Embellishment-Blumen ● Strass-Bradlett ● orange Stempelfarbe ● Abstandsband

Zu Beginn das Mittelteil und einen 6,5 cm großen Kreis aus weißem Karton ausschneiden. Die Ränder mit oranger Stempelfarbe kolorieren. Den Schriftzug auf die orange Rückseite des Scrapbook Papiers drucken und als 6 cm großen Kreis ausschneiden. Die beiden Kreise aufeinander kleben, im unteren Bereich eine Niete einarbeiten und das Bändchen durchziehen. Anschließend die Blumen mit dem Strass-Bradlett laut Abb. ergänzen. Das Mittelteil laut Vorlage mit Scrapbook Papier bekleben und auf der Karte platzieren. Das Schriftzug-Schild, mittels Abstandsband aufgebracht, vervollständigt die Karte.

2.

Zum

Geburtstag

3.

Zum
Geburtstag

1.

Zum
Geburtstag

Flower Power

„Alles Gute"

honiggelbe Karte, B6 ● Fotokarton: honiggelb, ocker, weiß, rosa ● Scrapbook Papier
„Rosa Blumen" ● 3 Brads ● 2 braune Embellishment-Blumen ● silberne Klebesticker: „Alles Gute", „Ecken" ● Fotokleber ● doppelseitiges Klebeband

Zuerst den rosa Karton und dann das ockerfarben hinterlegte Blumenpapier laut Vorlagenbogen aufkleben. Dann ein weißes Dreieck anfertigen und ebenfalls ockerfarben
hinterlegen. Die Klebeschrift auf dem Dreieck
platzieren und die Ecken mit Stickern verzieren. Nun das Dreieck laut Abb. aufkleben. Anschließend auf einem 2,5 x 16,8 cm großen
honiggelben Streifen mittig einen 12,5 x 1,1
cm großen Streifen aus ockerfarbenem Karton
befestigen. Die Blumen mit einem Brad daran
fixieren und das Ganze wiederum mit Brads
an der Karte anbringen.

Karte mit Blumen

Fotokarton: honiggelb, rosa, ocker, weiß ●
Scrapbook Papier „Rosa Blumen" ● ockerfar-
benes Briefpapier ● Embellishment Blumen:
rosa, braun ● Bradletts ● Magnetverschluss ●
doppelseitiges Klebeband ● Abstandsband ●
hellbraunes Stempelkissen

Die Karte laut Vorlagenbogen ausschneiden
und falzen. Das Blumenpapier mit ockerfarbenem Papier hinterlegen. Den Zierstreifen aufbringen und das Ganze auf die Karte kleben.

Nun die Klappe laut Abb. mit dem Papier und
den Blumen dekorieren. Zwei Kreise von je
6,5 und 5,5 cm ausschneiden, die Kanten mit
Stempelfarbe kolorieren und die Kreise aufeinander kleben. Die Blümchen mit den Bradletts befestigen und das Ganze mit Abstandsband auf der Klappe befestigen.

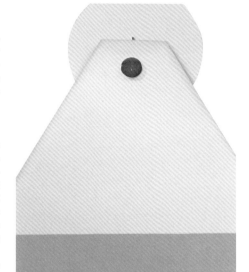

Ich wünsche dir Zeit, dich zu freuen und zu lachen,
und wenn du sie nützt, kannst du etwas draus machen.

Ich wünsche dir Zeit für dein Tun und dein Denken,
nicht nur für dich selbst, sondern auch zum verschenken.

Ich wünsche dir Zeit- nicht zum Hasten und Rennen,
sondern die Zeit zum Zufriedensein können.

Ich wünsche dir Zeit, nach den Sternen zu greifen,
und Zeit, um zu wachsen, das heißt, um zu reifen.

Ich wünsche dir Zeit, neu zu hoffen, zu lieben,
es hat keinen Sinn, diese Zeit zu verschieben.

Ich wünsche dir Zeit, zu dir selber zu finden,
jeden Tag, jede Stunde als Glück zu empfinden.

Ich wünsche dir Zeit, auch Schuld zu vergeben.
Ich wünsche dir: Zeit zu haben zum Leben.

Alles Liebe und Gute zu Deinem
Geburtstage wünschen Dir

Frohes Fest

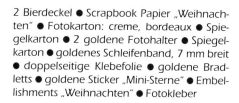

Elchkarte

Fotokarton: bordeaux, grün, creme ● Spiegelkarton ● Scrapbook Papier „Weihnachten" ● Embellishment „Weihnachten" ● goldene Niete ● Bradletts „Stern" ● goldenes Stempelkissen ● goldenes Schleifenband, 6 mm breit ● runder Eckenlocher: Gr. 3, 2

Die Einschubtasche aus rotem Fotokarton ausschneiden und die Ränder mit Stempelfarbe kolorieren. Das Scrapbook Papier auf die Frontseite kleben und die Stern-Bradletts montieren. Nun die Tasche mit doppelseitigem Klebeband schließen und laut Abb. dekorieren.

Anschließend einen roten 9,5 x 12,5 cm und einen grünen 10,5 x 7,5 cm Anhänger ausschneiden. Den Weihnachtswunsch auf cremefarbenen Karton drucken und 10 x 7 cm groß ausschneiden. An allen Papieren die Ecken mit einem Locher abrunden und das Ganze der Größe nach aufeinander kleben. Die Niete mittig im oberen Bereich platzieren und ein goldenes Schleifenband durchziehen.

Runde Karte

2 Bierdeckel ● Scrapbook Papier „Weihnachten" ● Fotokarton: creme, bordeaux ● Spiegelkarton ● 2 goldene Fotohalter ● Spiegelkarton ● goldenes Schleifenband, 7 mm breit ● doppelseitige Klebefolie ● goldene Bradletts ● goldene Sticker „Mini-Sterne" ● Embellishments „Weihnachten" ● Fotokleber

Das Papier für die Bierdeckel auf doppelseitige Klebefolie aufbringen, auf die Deckel kleben und danach ausschneiden. Zwei 8,5 cm große rote Kreise im Bruch ausschneiden. Fünf weitere 7,5 cm große Kreise aus Scrapbook Papier als Dekor der roten Kreise herstellen, am oberen Rand etwas begradigen und aufkleben. Auf den cremefarbenen Karton den Text drucken, diesen ebenfalls als 7,5 cm großen Kreis ausschneiden und in der Karte fixieren.

Nun die Fotohalter befestigen und die Karte mit den Embellishments dekorieren. Zum Schluss beide Deckel zusammenkleben und das Schleifenband als Aufhänger dazwischen legen.

Text:

Ich wünsche schöne Weihnachtstage,
das ist doch klar und ohne Frage.
Bei Tannenduft und Kerzenschein,
möge alles friedlich und fröhlich sein.

Frohe Weihnachten

Lebkuchen-Männchen

bordeauxroter Fotokarton ● Scrapbook Papier „Weihnachten" ● goldener Spiegelkarton ● goldene Sticker: „Sterne", „Frohe Weihnachten" ● Embellishments ● goldenes Schleifenband, 7 mm breit ● altrosa Papier ● Abstandsband ● Fotokleber ● goldenes Stempelkissen

Die Karte laut Vorlage ausschneiden, falten und mit den Dekorpapieren dekorieren. Ein 7,5 x 7,5 cm großes rotes Quadrat an den Rändern mit goldener Stempelfarbe akzentuieren und aufkleben. Die Embellishments und Sticker laut Abb. ergänzen. Abschließend die Glückwünsche auf rosa Papier drucken und mit dem goldenen Band an der Karte befestigen.

Sternenkarte

bordeauxrote Karte, B6 ● bordeauxroter Fotokarton ● goldener Spiegelkarton ● Scrapbook Papier „Weihnachten" ● goldenes Stempelkissen ● Bradletts „Sterne" ● goldene Sticker: „Weihnachtsmotive", „Schriften"

Ein 10,5 x 16 cm großes Rechteck aus Weihnachts-Papier auf die Karte kleben. Anschließend je vier Sterne aus rotem und Spiegelkarton ausschneiden. Die goldenen auf die roten Sterne kleben. Die Schiebelasche, wie bei der Wasserfallkarte auf Seite 19 beschrieben, herstellen und die drei untersten Sterne aufkleben. Den obersten Stern durchschneiden und ein Teil direkt auf die Karte, den anderen Teil auf die Schiebelasche kleben. Zuletzt die Karte mit Stickern verzieren.

Texte der Karten auf dem Vorlagenbogen.

Tannenbaumkarte

bordeauxroter Fotokarton ● Scrapbook Papier „Sterne" ● grünes Scrapbook Papier ● Embellishment „Weihnachten" ● 2 goldene Fotohalter ● goldener Sticker „Frohe Weihnachten" ● Fotokleber

Auf eine Hälfte des roten Tannenbaums das grüne Weihnachtspapier kleben und nach dem Trocknen ausschneiden. Den mittleren Bereich mit 1 cm Nahtzugabe nochmals aus dem Sterne-Papier ausschneiden. Die Zugabe mit doppelseitigem Klebeband an dem Baum befestigen. Einen kurzen Text ausdrucken und hinter der Klappe auf dem Baum fixieren. Nun die Klappe mit zwei Fotohaltern schließen und den Baum laut Abb. mit den Embellishments dekorieren. Zuletzt die goldene Klebeschrift auf ein Schildchen aus rotem Karton kleben und mithilfe von Abstandsband ergänzen.

Kerzenschein und Christlaterne leuchten hell die Weihnacht ein Glocken läuten von nah und ferne. Friede soll auf Erden sein.

Eiszeit

Weihnachtsdose

Weißblechdose, 9,5 x 6 cm ● Scrapbook Papier „Winter" ● weißer Fotokarton ● weißes Pergament Papier ● Embellishments „Winter" ● Fotokleber ● Bradletts „Eiskristalle" ● Motivlocher „Eiskristall"

Das Leporello laut Vorlage ausschneiden und falten. Aus dem weißen Karton das Dekorblatt für den Deckel anfertigen und aufkleben. Ein kleineres Dekorblatt aus Scrapbook Papier darauf kleben. Nun zwei Eiskristalle ausstanzen und mit dem Embellishment auf der Dose platzieren.

Anschließend sechs Dekorblätter für das Leporello schneiden und mit den Embellishments und Eiskristallen ausschmücken. Auf die erste Seite eine Tasche aus Pergamentpapier nähen und einen Tag mit den Glückwünschen reinstecken.